JN203736

こどもアナウンスブック

正しい発声とつたえる力

CD付

常世 晶子　茂木亜希子

子どもの未来社

つたえる声のつくり方

声はどこから出てくるのでしょうか？
声は、肺から出てきた空気がのどを通って、口から出てきます。

ことばはどこから出てくるのでしょうか？
ことばは、頭を使って「心」から出てきます。

自分の心をことばにしてつたえることで、相手にきもちや考えがつたわります。

相手にことばがつたわると、わらったり、ないたりおこったり、時には感動したりという、さまざまな反応が生まれます。

では、どんな声でことばをつたえると、より心がとどくでしょうか？
じつは、つたえることばの内容だけではなく、どんな声・どんな音でつたえるかがとても重要なのです。

みんなは「ありがとう」のきもちを、どんな声でつたえていますか？

こどもアナウンス発声協会　代表　**常世晶子・茂木亜希子**

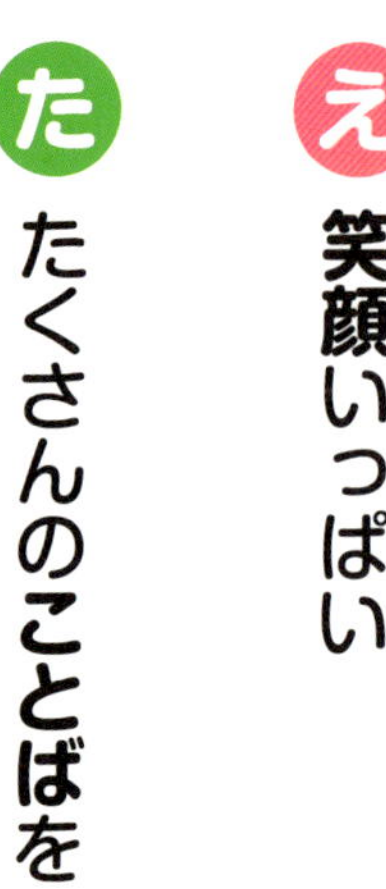

つたえたい思い**は**

たから**物**

え　**笑顔**いっぱい

たくさんの**ことば**を

い　今、声にしよう！

もくじ

レッスンＣＤの使い方
～ピアノ伴奏に合わせてきもちよく話してみよう～

本書にはレッスンＣＤがついています。文章の内容をイメージしやすいように作曲されたピアノ伴奏曲に合わせて、楽しく発声練習ができます。見本の声をよく聞いて、まねをするところから始めてみましょう。（　）内は本書の頁数です。

Tr1 オープニング
Tr2 基本の発声練習 あ行～な行（P10~11） Tr3 は行～わ行（P12~13）
Tr4 息つぎの練習 じゅげむ（P14~15）
Tr5 一年を歩く五十音 春（P17~18） Tr6 夏（P19~20）
Tr7 秋（P20~22） Tr8 冬（P22~23）
Tr9 早口ことばの練習 あ行～な行(P24~25) Tr10 は行～わ行(P26~27)
Tr11 擬音語・擬態語 あ行～た行（P28~30） Tr12 な行～わ行（P30~31）
Tr13 強調テクニックを使ってつたえる ～自己紹介～（P35）
Tr14 原稿を読んでみよう～作文 運動会～（P37~38）
Tr15 鼻濁音（P39） Tr16 母音の無声化（P39）
Tr17 エンディング

保護者のみなさまへ ― 練習についての注意点

※誤った練習を続けると喉やあご、筋肉等を痛める可能性があります。保護者の監督の下、練習のしすぎにご注意ください。
また、練習の際には、水分をこまめに補給するよう心掛けましょう。

1 からだの体操（たいそう）

声（こえ）を出す前に、じゅうなん体操（たいそう）をしましょう。体（からだ）を温（あたた）めてリラックス。声（こえ）が出しやすくなります。

1 まずは、手足をぶらぶら…

2 つぎに、思いきりのびたりちぢんだり…

3 よーいドン！のように、腕（うで）をふりふり…

からだをほぐそう。やわらかなからだからは、ふくよかな声が出るんだ。

【イメージ体操（たいそう）】

- 両手（りょうて）をひらひら。チョウになって空をとんでみよう！
- 種（たね）から芽（め）が出てきたよ！たいようにむかって、ぐんぐんのびてみよう。
- 畑（はたけ）のカカシだよ。一本足でなんびょうたえられるかな？

指導者向けの注意点
※体操には、緊張と弛緩（しかん）の動きを入れてください。
※全身の筋肉をほぐしましょう。
※数分間の短い体操で大丈夫です。

②あいうえお体操

顔の準備運動です。
思いきり動かしてみましょう！

目と口を大きく開いて、
おどろいた顔を
してみよう。

口を左右に
思いきり開いて、
わらってみよう。

口を思いきり
とがらせて、
タコの顔をしてみよう。

口を左右に
かるく開いて、
わらってみよう。

口をたてに
長く開いて、
おどろいた顔を
してみよう。

指導者向けの注意点
※顔をほぐしてから発声をすると、表情がいきいきとし、口を動かしやすくなります。顔の体操で「モゴモゴしゃべり」を防ぎましょう。
※イメージしたものを表現する習慣をつけて、表現力を鍛えましょう。顔や声の表情が豊かになって「伝える力」が上がります。

3 舌の体操

舌にも筋肉があるって知っていますか？**舌を鍛えると**、早口ことばがうまくなります。

すてっぷ1

口の中で、舌をまわしてみよう。口を閉じて、口の中（歯の外がわ）をなめるようにグルグルとまわしてね。

すてっぷ2

右まわりに10回。左まわりに10回。ゆっくりと気をつけてまわしてね。

みぎまわり 10回

ひだりまわり 10回

指導者向けの注意点

※幼稚園～低学年の子どもには、５回ずつにするなど回数を調整してください。

※歯の矯正器具などをつけている場合には、舌を傷つけないように注意してください。

※体操をしすぎると筋肉疲労を起こして、かえって舌の回りが悪くなる場合があります。

4 本の持ち方としせい

声を出すときの正しいしせいです。顔の角度や本の高さをくふうすると、声がよく通るようになります。

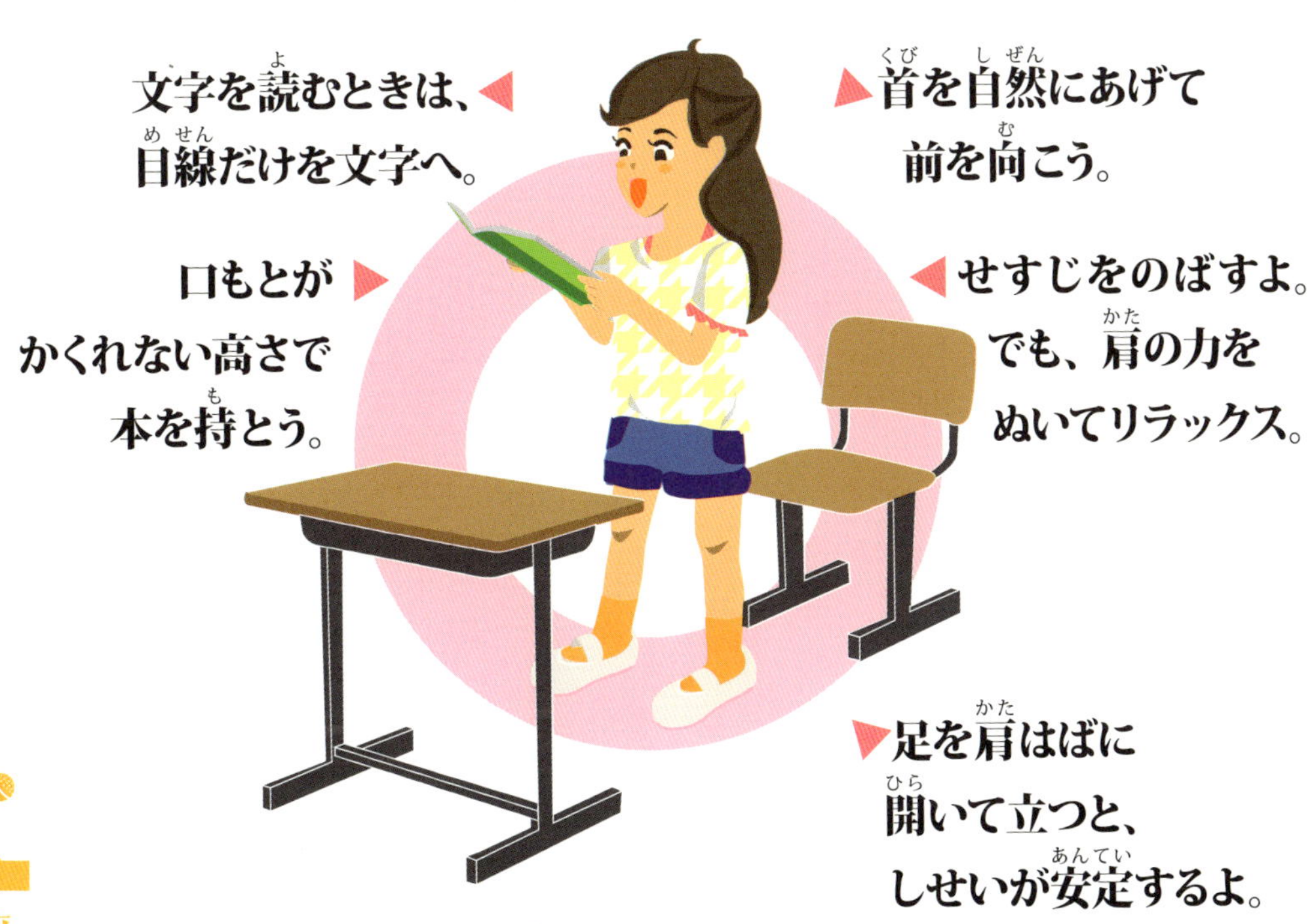

文字を読むときは、目線だけを文字へ。
首を自然にあげて前を向こう。
口もとがかくれない高さで本を持とう。
せすじをのばすよ。でも、肩の力をぬいてリラックス。
足を肩はばに開いて立つと、しせいが安定するよ。

声が本でさえぎられて、小さく聞こえちゃうよ。

下を向くとのどがしまって声が出しづらいんだ。すわるときは、よりかからないようにしよう。

指導者向けの注意点

※発表の場などで子どもたちに「よい姿勢」と声をかけると、胸を反らせてしまって、体や声に緊張を招く恐れがあります。リラックスした自然な状態を作ることで、喉声を防ぎ、腹式呼吸がしやすくなります。

※音読や発表の前に、肩を一度上げてストンと落とすなど、簡単なリラックス体操を入れるのも効果的です。

5 腹式呼吸に挑戦！

聞きとりやすい大きな声で話すために、呼吸法をおぼえましょう。

アナウンサーが話すときに使っている、上手な息の吸い方はどちらでしょう？

A 息を吸うと肩が上がる。

B 息を吸うとお腹がふくらむ。

腹式呼吸のやり方

すてっぷ1

からだをほぐしてリラックス。足を肩はばに開いて立ち、おなかに手をあてよう。

すてっぷ2

肺の中の息を、口からフーッとぜんぶ吐き出そう。おなかがぺちゃんこにへこむまで。

すてっぷ3

鼻から息をスッと吸ってみよう。肩が動かず、おなかがふくらんだら成功だよ。

仰向けに寝てやってみると、腹式呼吸がやりやすくなるよ。感覚がつかめたら、立って挑戦だ。

指導者向けの注意点

※正しい腹式呼吸は、横隔膜をぐっと下げて、お腹や腰全体に空気を入れるイメージです。

※腹式呼吸で発声をすると、声の通りが良くなり、大きさや長さの調節がしやすくなります。

クイズの答え：B　お腹の筋肉を使って呼吸をすると、安定した大きな声が出せるようになります。

6 よくひびく「のびのび声」で話そう

教室の後ろや遠くの人までよくとどく声には、「ひみつ」があります。
きもちのよい声でつたえあえるとすてきですね。

●寒くてからだをちぢこませている時は、ノドやからだ全体が、かたくきんちょうしているんだ。
●ふるえながら出す声は、「ヴヴヴー！」という、むりにしぼり出すような声になるよ。
●あたたかいおふろに入ると、きんちょうがほぐれて、やわらかくてよくひびく、「のびのび声」が出るんだ！

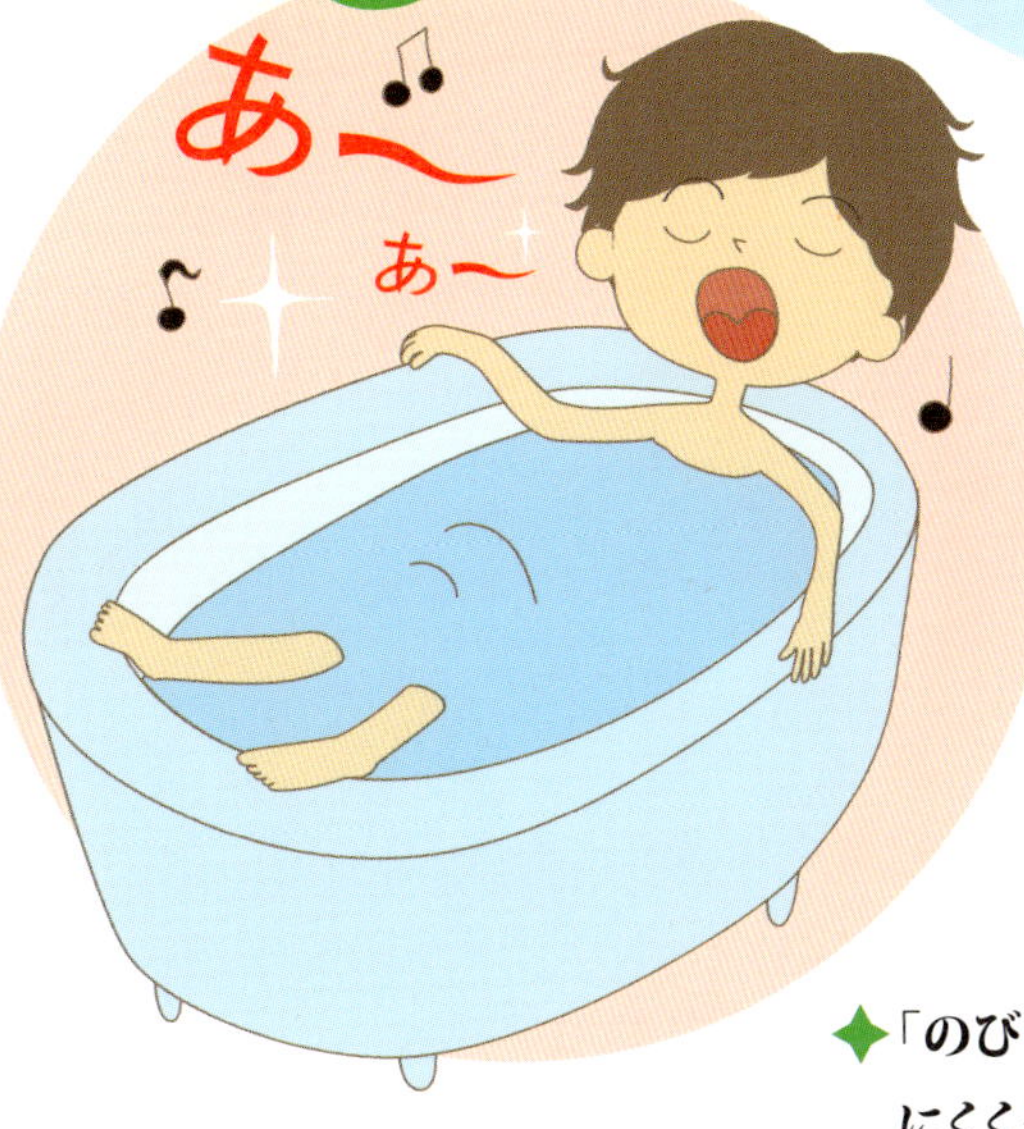

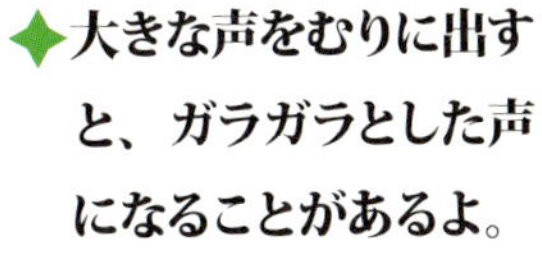

◆大きな声をむりに出すと、ガラガラとした声になることがあるよ。

◆このガラガラ声は「のど声」と言って、ノドをいためやすい声なんだ。

◆「のびのび声」は、ノドがつかれにくく遠くの人までよくとどく、きもちのよい声だよ。

指導者向けの注意点
※喉が開いていない状態で大きな声を出すと、喉声になりやすくなり、喉を痛める原因になります。①〜⑤（p4 〜 p8）までの準備が大切です。
※声にはそれぞれ個性や特徴があります。良い声、悪い声と決めつけない指導を心がけましょう。

7 基本の発声練習

五十音のすべての音をしっかり、はっきり出せるよう練習しましょう。

五十音

さあ、練習をスタート！
のびのび声だよ。

◆まずは「あ行」から。「あいうえお」の5つの音を、同じ大きさ・長さで出せるように練習してみよう。

◆つづいて、「わ行」まで。「出しやすい音」と「出しにくい音」があることに気づいたかな？　すべての音を、同じ大きさ・長さで出せるようにしよう。

あ行

あいうえお
いうえおあ
うえおあい
えおあいう
おあいうえ

おなかに手を当てて、腹式呼吸のしせいだよ。

か行

かきくけこ
きくけこか
くけこかき
けこかきく
こかきくけ

リラックスをしよう。でも、どこかによりかからないよ。

さ行

さしすせそ
しすせそさ
すせそさし
せそさしす
そさしすせ

笑顔になってみよう。明るい声がでるよ。

た行

たちつてと
ちつてとた
つてとたち
てとたちつ
とたちつて

声をポーンと前にとばそう。遠くまで。

な行

なにぬねの
にぬねのな
ぬねのなに
ねのなにぬ
のなにぬね

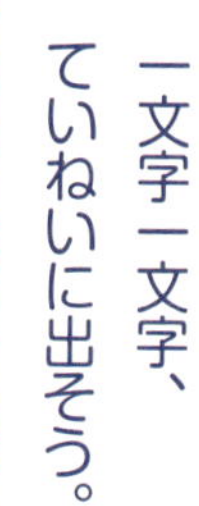

一文字一文字、ていねいに出そう。

は行

はひふへほ
ひふへほは
ふへほはひ
へほはひふ
ほはひふへ

自分の声をよくきこう。やわらかくて、よくひびく声だよ。

ま行

まみむめも
みむめもま
むめもまみ
めもまみむ
もまみむめ

赤色のあたまの文字から、しっかりと出すよ。

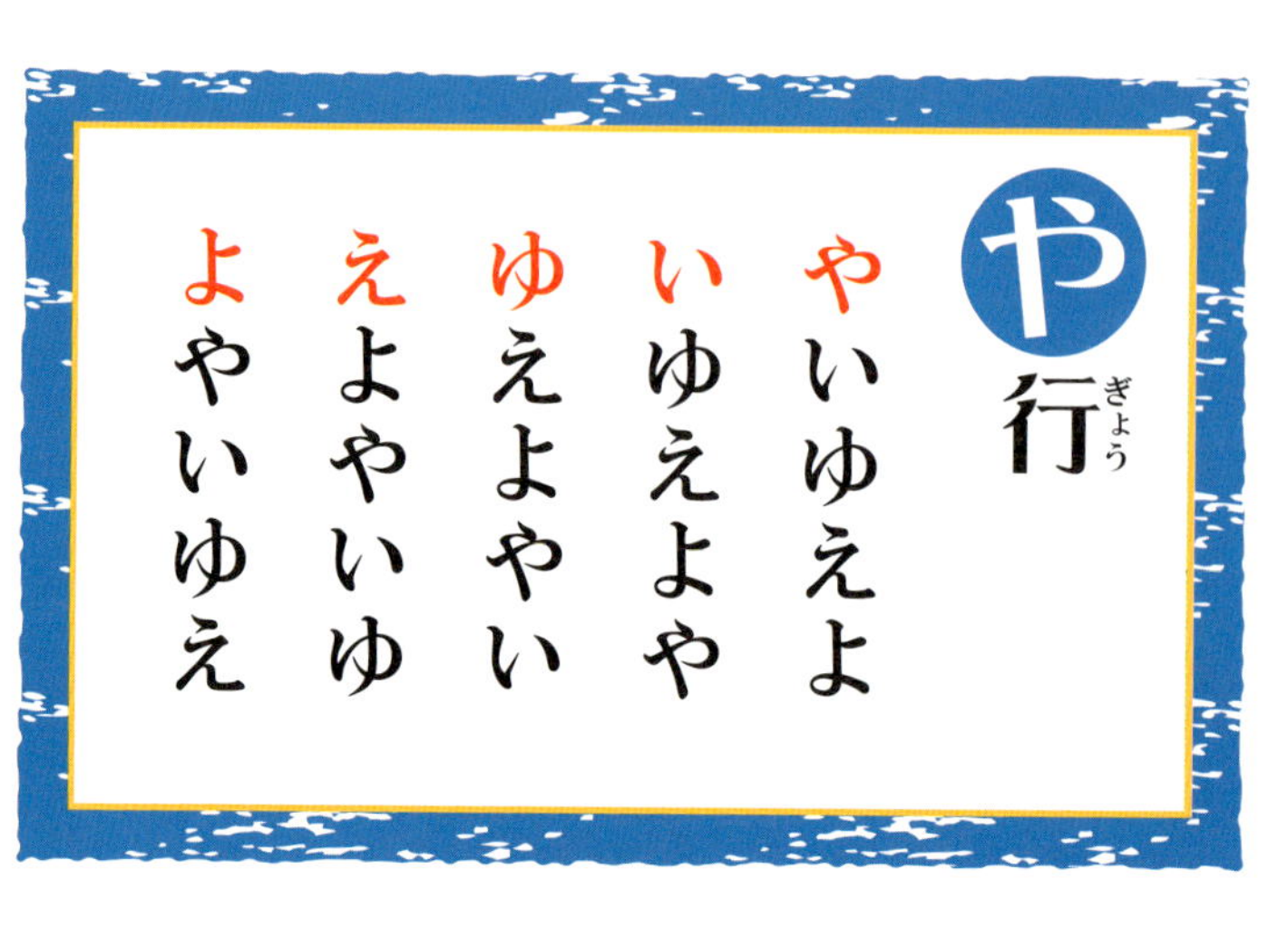

や行

やいゆえよ
いゆえよや
ゆえよやい
えよやいゆ
よやいゆえ

ぜんぶの音を同じ大きさ・長さで出せているかな?

さぁ最後だよ。一番いい声にチャレンジだ!

わ行

わいうえを
いうえをわ
うえをわい
えをわいう
をわいうえ
ん

▼短い音（短音）の「あっ・いっ・うっ・えっ・おっ」長い音（長音）の「あー・いー・うー・えー・おー」それぞれの読み方で五十音を練習すると、もっとじょうずになるよ。

指導者向けの注意点

※「出しやすい音」と「出しにくい音」には個人差があります。「出しにくい音」の発声が小さくなってしまうと、ことばが不明瞭になる原因になります。出しにくい音こそ意識して、しっかりと出しましょう。

※「を」を「うぉ」と発音する人が見受けられます。「を」の発音は「お」と同じです。

※「ん」は、正しくは50音に含まれませんが、合わせて練習していきましょう。

8 息つぎの練習

息つぎをする場所を意識しながら、読んでみましょう。

じゅげむ

古典落語より

のマークで息つぎをしてみよう。
4回の息つぎで最後まで読めるかな?

さん、はい!

じゅげむ　じゅげむ　ごこうのすりきれ
かいじゃりすいぎょの
すいぎょうまつ　うんらいまつ　ふうらいまつ
くうねるところに　すむところ
やぶらこうじの　ぶらこうじ

パイポ　パイポ　パイポの　シューリンガン
シューリンガンの　グーリンダイ
グーリンダイの　ポンポコピーの　ポンポコナーの
ちょうきゅうめいの　ちょうすけ！

すてっぷあっぷ

最初から最後まで、1回の息つぎで読んでみよう。

できるようになったら、文をおぼえて暗唱にも挑戦してみよう！

指導者向けの注意点
※長く息を吐きすぎて、苦しくならないように注意してください。特に、小さな子どもは加減がわからず、無理をしてしまう場合があります。

9 ことばの表情

ことばをつたえるときに、**意味を想像**して**きもちをこめる**と、「ことばの表情」が豊かになって、相手に「つたわりやすいことば」になります。

すてっぷ1

イラストと説明文に合わせて、3つのことばをつたえてみよう。

イメージをふくらませて、きもちをこめてつたえてね。

目の前の人に話しかけるつもりでやってみよう。

「おはよう。」
（会えるのをとても楽しみにしていたよ。思わずニコニコしちゃう。今日一日よろしくね。）

「ありがとう。」
（今までで一番うれしい！ピョンピョンと、とびはねたい気分。）

「よろしくおねがいします。」
（初めての日。みんな、なかよくしてくれるかな？よし、笑顔であいさつするぞ！）

すてっぷ2

今度は、何も想像しないで言ってみよう。

声はどのように変化するかな？

すてっぷ3

同じことばでも、つたえるきもちが変わると声が変わるよ。

いろいろな場面のあいさつを想像してためしてみよう。

指導者向けの注意点
※様々なことばとシチュエーションを試してみましょう。ただ、気持ちが落ち込むことばを繰り返し練習させるのはやめましょう。
※日本語には、「母音の無声化」という現象があります。くわしくはp39をご覧ください。

一年を歩く五十音

五十音の順に、春・夏・秋・冬の季節を楽しく旅して歩きましょう。
今まで習ったポイントに気をつけて、**遠くの人に語りかけるように**
読んでいきましょう。

あおむし　あいさつ　あいうえお

うたうよ　うぐいす　いいこえで

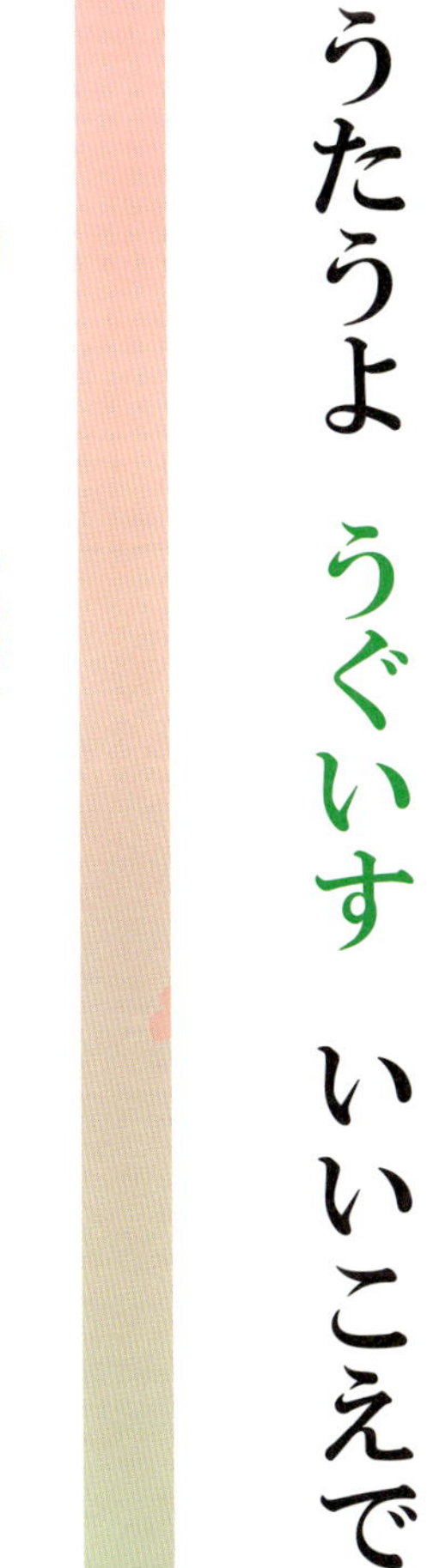

指導者向けの注意点

※「あいうえお」「かきくけこ」などのフレーズは、状況に合わせた気持ちを当てはめて読むように促しましょう。例：「あいうえお」＝「こんにちは」「かきくけこ」＝「あ、見つけた！」など。

かえるの　こどもだ　かきくけこ

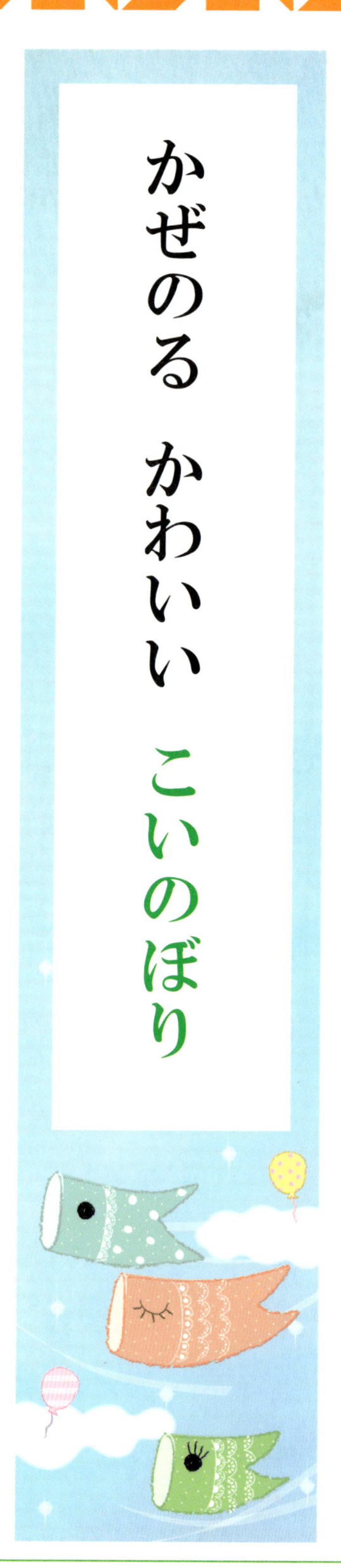

かぜのる　かわいい　こいのぼり

さくらが　さいたよ　さしすせそ

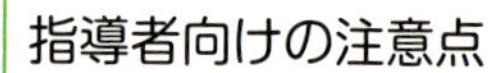

指導者向けの注意点

※子どもたちの年齢や経験によって、知っている単語が変わります。子どもたちの知らない単語は、絵や文章で補ってから練習しましょう。

CD Tr6

しおかぜ　せにして　すいかわり

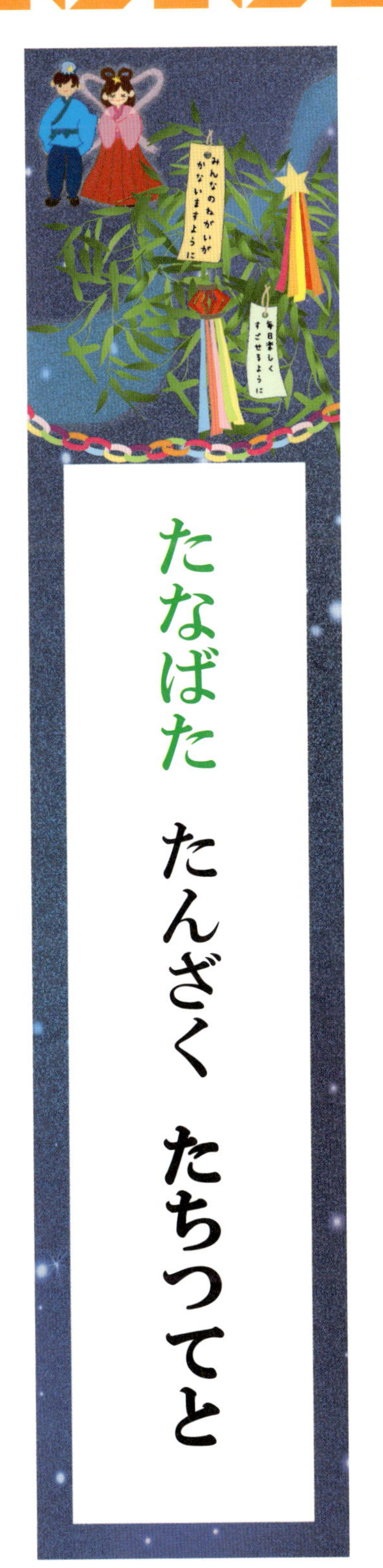

たなばた　たんざく　たちつてと

つゆあけ　たいよう　とびだした

指導者向けの注意点

※アクセントにとらわれるのではなく、あくまでも気持ちがこもっているかを確認しましょう。うまく読めない場合には、イラストを見て想像するよう指導してください。

なつめく　ののやま　なにぬねの

なぎさに　ねころぶ　なつやすみ

はっぱが　はらはら　はひふへほ

指導者向けの注意点

※その場面を思い浮かべてどんなことを感じるかを話し合ってみると、文章の理解が深まり、気持ちを込めやすくなります。

ハッピー　ハロウィン　へんそうちゅう

まつたけ　まったよ　まみむめも

もみじに　みせられ　みなかんどう

指導者向けの注意点

※ただきれいに読むのではなく、音で表現する楽しさを教えましょう。

やきいも　やきぐり　やいゆえよ

CD
Tr8
よろこび　いさんで　ゆきがっせん

らいちょう　りりしく　らりるれろ

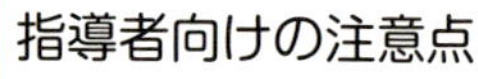
指導者向けの注意点

※一度のレッスンで全二十篇を読むだけではなく、季節ごとに分けて丁寧にチャレンジしてみましょう。

リースに　ローソク　クリスマス

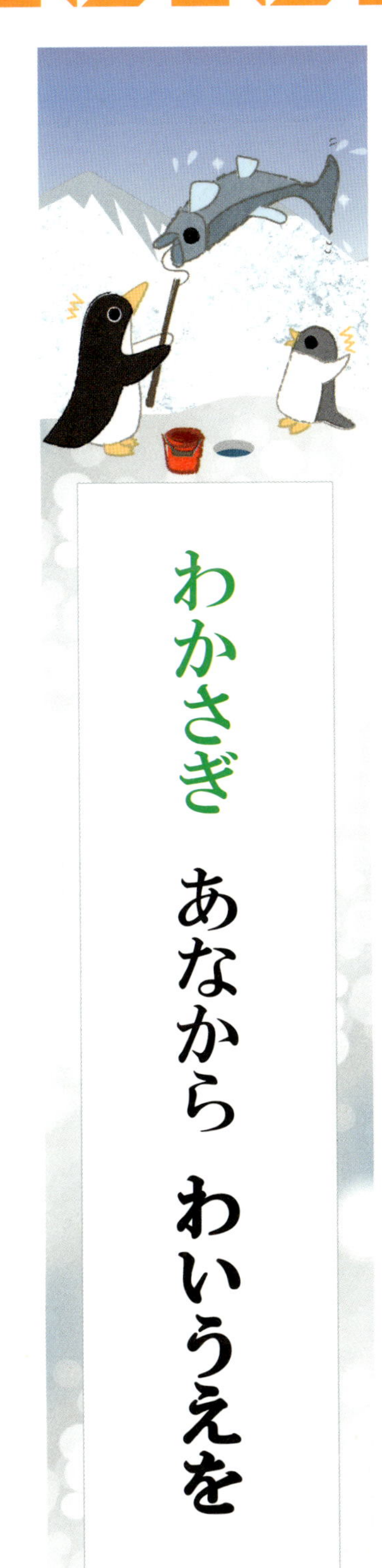

わかさぎ　あなから　わいうえを

おそらに　わいわい　わたりどり

指導者向けの注意点

※イメージできるようになったら、付属のＣＤと合わせて話してみましょう。二十篇すべての詩に、想像を助けるピアノ伴奏曲がついています。

早口ことばの練習

五十音のおもしろおかしい**早口ことば**です。何度も練習すると、**なめらかに話せる**ようになります。

あおいえを
いえのうえへと
いうおうじ
(絵)

コックさん
かっこつけて
きっくおふ

- まずは、ことばの内容を理解しよう。
- 初めはゆっくり、口の動きを意識してね。
- だんだん速く、リズムよく3回続けて読んでみよう。まちがえずにね!

すずむしが
すずしいスタート
すいすいと

たつじんが
たかだいにたち
かたたたき

なないろの
のみもの　のむの
なにものだ

ぱくぱくと
パパはババロア
ぼくはパフェ

まじょのママ
まほうのマントで
もも もだす

ややよわい
ゆめでは
ゆっくり
よけられる

指導者向けの注意点

※十篇の早口ことばを話してみると、苦手な行がわかります。

※苦手なところは焦らずゆっくりと、何度も舌や口の動きを意識しながら練習するようにしましょう。

※間違えても、あきらめずに最後まで言い切ることを目標に話してみましょう。

CD Tr11

12 擬音語・擬態語

美しい日本語と、ことばのリズムを楽しみながら読んでいきましょう。

みんな、擬音語・擬態語って知っている？「雨がざあざあ」「にわとりがこけこっこー」「星がきらきら」など、赤い字の部分を擬音語・擬態語って言うんだ。音や様子を、よりイメージしやすいように表現したことばだよ。

- さぁ、リラックスしてはじめるよ。腹式呼吸・のびのび声・ことばの表情に気をつけて読んでいこう。
- 色のついた頭の文字からしっかりと声を出すよ。声を遠くまでポーンと、とばそう。
- うまく読めるようになったら、手足に動きをつけて行進しながら楽しもう。

指導者向けの注意点

※手足の動きを加える時は、近くのお友だちにぶつからないように注意してください。

※擬音語・擬態語以外のことばも含まれています。

あたふたあひる
いきいきいちご
うるうるうさぎ
えへへへえがお
おどおどおばけ

がやがやからす
きょろきょろきりん
ぐんぐんくるま
げらげらげんき
ごっくんごはん

さっぱりさらだ
しょんぼりしっぽ
ずるずるずぼん
せかせかせなか
そそくさそうじ

たっぷりたまご
ちくちくちゅうしゃ
つるつるつくえ
てきぱきでんわ
どっさりとまと

CD Tr12

なよなよなみだ
にっこりにんぎょ
ぬけぬけたぬき
こねこねねんど
のんびりのはら

ぱくぱくばなな
びっくりぴえろ
ふさふさぶどう
へとへとべっど
ほのぼのぽすと

まったりまくら
みっしりみかん
むずむずむかで
めちゃくちゃめいろ
もぐもぐもぐら

やんわりやさい
ゆるゆるゆびわ
よちよちひよこ

らんらんらいと
りんりんしゃりん
るんるんるびー
れんれんれっしゃ
うろちょろろうか

わくわくわるつ

母音（ぼいん）のひみつ

あいさつの音で印象（いんしょう）が変わる

毎日の生活の中でとても大切なお礼（れい）やあいさつ。まずは、ここからはじめましょう。

つぎの1と2の音のちがいをくらべてみよう。

1　**ありがとうございます。**

2　**ありがっざいまーす。**

→2は、「と」「う」「ご」の音がぬけているね。

1　**おはようございます。**

2　**おはよっざいまーす。**

→2は、「う」「ご」の音がぬけているね。

それぞれ1と2は、どんな印象（いんしょう）かな？

2のような音がとんだお礼（れい）やあいさつはだらしなく聞こえるんだ。ていねいに発音（はつおん）すると、礼儀（れいぎ）正しく聞こえるよ。きれいな発音（はつおん）のお礼（れい）やあいさつできもちをとどけよう。

ひらがな母（ぼ）音（いん）表（ひょう）

あ（あ）	か（あ）	さ（あ）	た（あ）	な（あ）	は（あ）	ま（あ）	や（あ）	ら（あ）	わ（あ）
い（い）	き（い）	し（い）	ち（い）	に（い）	ひ（い）	み（い）	い（い）	り（い）	い（い）
う（う）	く（う）	す（う）	つ（う）	ぬ（う）	ふ（う）	む（う）	ゆ（う）	る（う）	う（う）
え（え）	け（え）	せ（え）	て（え）	ね（え）	へ（え）	め（え）	え（え）	れ（え）	え（え）
お（お）	こ（お）	そ（お）	と（お）	の（お）	ほ（お）	も（お）	よ（お）	ろ（お）	を（お）

では、笑顔でもう一度。

ありがとうございます。
おはようございます。

（指導者向けの注意点）
※「ありがとう」はアリガトー、「おはよう」はオハヨーとのばして発音します。
また、「ございます」の「す」は、母音が無声化するので、息のような音で発音します。「母音の無声化」について、詳しくはP39をご覧ください。

母音ってなあに？

母音とは、「あいうえお＝a・i・u・e・o」5つの音のことです。日本語の50音は、a・i・u・e・oの母音と、k・s・t・n・h・m・y・r・wの子音からなりたっています。

たとえば、か行。
「か（ka）」の音をのばしてみると…
「かk――――あa」
「あ」の母音が出てきたね。

「き（ki）」だと、どうなるかな？
「きk――――いi」
「い」の母音が出てきたよ。

では、ひらがな母音表（32P）を見てみよう。50音すべての音に、母音がかくれているよ。（「ん」と小さな「っ」には、母音はついていません）

日本語をじょうずに話すためには、この母音と子音をしっかりと意識して発音するのが大切なんだ。

母音練習法

とびやすい音を出しやすくするための練習法です。

①音がとびやすいことばを、母音だけにして3回言ってみよう。
ひらがな母音表（32P）を参考にしてね。

（例）ありがとうございます

アリガトーゴザイマス→アイアオーオアイアウ（×3回）

②今度は、ことばを元にもどして言ってみよう。

ありがとうございます

音の長さがととのって、出しやすくなったかな？　音がとびやすいことばは、母音のみで何度か口にしてから元にもどしてみると、きれいに出せるようになるよ。いろいろなことばでためしてみよう。

母音ゲームで遊ぼう！

テーマをきめてことばをえらび、その言葉を母音だけにして発音し、なんのことばを言っているのか当てるクイズゲームです。ことばの母音をしっかりと意識するのに役立ちます。

たとえば、テーマを「くだもの」にしてみるよ。思いついたことばをそれぞれ母音だけにして「あいうえお」で表してみよう。

・**バナナ・・・アアア**

＊ぜんぶ「あ」の母音だったね！　発見だ。

・**リンゴ・・・インオ**

＊「ん」には母音がないから、そのまま「ん」と書こう。

・**パッションフルーツ・・・アッオンウウーウ**

＊ちいさな「っ」（促音）は、そのままのこすよ。「ショ」は「シ」と「ョ」の二つの語でできているけれど、バラバラに読まないで「ショ」と、一つの音として読むよね。「ショ」をのばしてみるとどうなるかな？「ショ――オ」。「オ」になるね！「ショ」の母音は「オ」が正解だよ。

準備ができたら、さぁクイズだよ。なんの母音なのか当ててもらおう。

〈ルール〉

●問題を出す人

①テーマの中で8文字以内のことばをえらぶ。

②一度だけ、ゆっくりていねいに発音する。

（例）テーマはくだものです。なんの母音でしょう？「アアア」

●答える人

わかったら「ハイ！」と元気に声を出して、手をあげる。

さまざまなテーマで挑戦してみよう。グループごとに問題を作って出し合うのも、もりあがって楽しいよ。

〈テーマの例〉

・やさい・魚・どうぶつ・植物・色・楽器・スポーツ・都道府県・国など

つたえ方のひみつ

出しにくい音はしっかりと発音しよう ～聞きまちがい～

日本語には、「出しやすい音」と「出しにくい音」があります。また、出しにくい（にがてな）音は、人によってちがいます。出しにくい音を意識せずに発音すると、その音だけ自然と小さくなります。

一つの文字がちがっただけで、意味が変わってしまうことばがありますので、聞きまちがいをされないように気をつけましょう。

たとえば…

ハ行とサ行などは、一般的に出しにくい音なんだ。ハの音を弱く発音してしまうと、「はな」が「あな」に聞こえちゃったり、ゼの音を弱く発音してしまうと、「ぜんたい」が「せんたい」に聞こえちゃったり。

ぜんたーいとまれ！→せんたーいとまれ！

あれあれ？　意味が変わっちゃったね。

「⑦基本の発声練習　五十音」や「⑪早口ことばの練習」で、小さくなってしまう音や、口がまわりにくい音を確認しておこう。出しにくい音は、よりていねいに出すことを習慣にしよう。

［聞きまちがえ文の例］

きせつのショートケーキ
しせつの しょうどくえき
もみあげを かる
おみやげを かう

いっぽいっぽ たっせいする
いっこいっこ はっせいする
かんぜんな いなか
あんぜんな ひなた

じまんの やきサバ
いちばんの やきそば

強調テクニックを使ってつたえる ～自己紹介～

CD Tr13

読み方を変えると、つたわり方が変わります。ここでは、つたえたいことばや文章をより印象づける「強調テクニック」を紹介します。

代表的な4つの強調テクニックだよ。

1 ゆっくり　2 声を大きく　3 高い音程　4 間をあける

※〝間〟とは、次の文字を読みだすまでの〈時間〉のことだよ。

大切なことばを「ゆっくり」、そして「声を大きく」してつたえると、ことばの印象が強くなって、相手の聞きのがしや聞きまちがいをふせげるよ。また、少し「高い音程」で話すと、つたえたいきもちがとどきやすくなるよ。それと、聞いてほしいことばや文章の直前に、少しだけ「間をあける」こと。これも、みんなのきもちと注目を集めるテクニックなんだ。この4つの強調テクニックをじょうずに使うと、「よりつたわる読み方」ができるようになるよ。（ただし、ここちよい範囲で、やりすぎには注意だよ）

★さぁ、［自己紹介の例文］で練習してみよう。強調して印象的につたえられるかな？

［自己紹介の例文］

私の名前は、【前田エマ】です。
好きな食べものは、（プチシューアイスプリンアラモード）です。
一番好きなことは、【マンガを書くこと】です。
将来の夢は、《国際キャビンアテンダント》です。
みなさん、（よろしくおねがいします。）

1 「、」のところで、少しだけ間をあけてみよう。
2 （ ）を、ゆっくりと読んでみよう。
3 【 】を、ゆっくりと、少し大きな声で読んでみよう。
4 《 》を、少し大きな声と、高い音程で読んでみよう。
5 1～4の印象のちがいを、それぞれ考えてみよう。
6 1～4を参考に、いろいろな組み合わせをくふうしてためしてみよう。

★つぎに、自分の自己紹介文を作って練習してみよう。（ ）の中に文字を入れよう。

私（ぼく）の名前は、（　　　　　　）です。
好きな食べものは、（　　　　　　）です。
一番好きなことは、（　　　　　　）です。
将来の夢は、（　　　　　　）です。
みなさん、よろしくおねがいします。

どこで区切るかな？
～意味が変わる文章～

文を読んでつたえるときには、内容に合わせて「区切る場所」をあらかじめ考えて決めておきましょう。正しくつたえるために欠かせない作業です。

区切る場所を変えると、つたわる内容が変わってしまう例をあげるよ。「／」のところで区切って読んでみてね。

「こわれてしまった テレビと パソコンを 運んでください。」

①こわれてしまったテレビとパソコンを／運んでください。
→こわれているのはなんだろう？ そう、テレビとパソコンの両方だね。

②こわれてしまったテレビと／パソコンを／運んでください。
→これだと、テレビはこわれているけれど、パソコンはこわれていないように聞こえるね。

「お母さんは 笑いながら 歩く お父さんに 声をかけた。」

①お母さんは笑いながら／歩くお父さんに声をかけた。
→笑っているお母さんが、歩いているお父さんに声をかけたんだね。

②お母さんは／笑いながら歩くお父さんに／声をかけた。
→笑いながら歩いているお父さんに、お母さんが声をかけたんだね。

★次の文章も区切る場所によって意味が変わるよ。どこで切ると変わるか考えてみよう。

○大人気の 絵本と まんがが どちらを 読みますか？
○小さくて かわいい すみれと バラが 公園の 花だんに 咲いている。
○おばあさんは 手をたたきながら よろこぶ 赤ちゃんに ほほえんだ。
○女の子は 絵をかきながら 歌っている おねえさんに 質問をした。

（指導者向けの注意点）
※小学校の発表や音読で「句読点で句切る（間を空ける）」という指導法を見かけます。文の内容を正しく伝える読み方としては、必ずしも正しくはありません。句読点は、意味をとらえるために必要な場所にも付けてあります。発表の際には、内容に合わせてあらかじめ区切る場所を考えておきましょう。

発表や文章読みが上達するひみつ

文を読む練習のときに気をつけるポイントです。

①お年よりや小さな子どもに話しかけるように、やさしくゆっくりとつたえよう。

②自分の声を外がわの耳から聞いて、うまく読めているか一音一音確認しよう。

③音を不必要に上げたり、長くのばしたりしないように気をつけよう。

(例) 今日は、私が当番です。
× **今日はぁ、私がぁ、当番です。**
これから、発表をします。
× **これからぁ、発表をぉ、します。**

④話し方や読み方に気になるクセがないか、まわりの人に聞いてもらおう。自分では気づいていない場合があるよ。

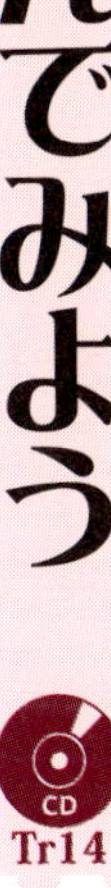

原稿を読んでみよう

作文　運動会

CD Tr14

1 今日は待ちに待った運動会。学校に着くと、大玉や大太鼓が校庭に運ばれていました。

2 百メートル走は、ぜったい1位をとりたかったので、腕を大きくふって一生けん命走りました。

3 でも、コーナーで転んで、4位になってしまいました。

4 みんなは「がんばったね」って言ってくれたけれど、とてもくやしかったです。

5 来年こそ、徒競走で1位をとりたいです。

★レッスンCDのお手本をよく聞いて、練習しましょう。

［文字のマークの説明］

赤○は、一番強調して読むことばや文です。

——は、次に強調して読むことばや文です。

●で囲んだ2つのことばは、同じ大きさ、同じ長さ、同じ高さで読みます。

●の文字は、ていねいに発音します。

∨は、間をあけるマークです。

⌒は文章をつなげて読むマークです。

［じょうずに読むためのポイント］

1 今日は

昨日？　今日？　明日？　日時はいつもていねいに読もう。

待ちに待った

練習してきた日々を思い出しながら、楽しみにしてきたきもちをこめよう。

運動会

一番大切なことばだよね！　とくにゆっくり読むよ。「う」の音が小さくなりやすいので注意。

学校…

「学校」「大玉」「大太鼓」「校庭」それぞれイメージしながら読むと、つたわる音になるよ。ワクワクドキドキするきもちで読もう。

大玉や大太鼓

どちらも「運動会の道具」だね。同じ意味合い（重要度）でつたえる場合には、声の大きさ、長さ、高さが同じになるよう気をつけて読むよ。

2

百メートル走

この作文の中で一番つたえたいのが、百メートル走のエピソードだよね。だから、この百メートル走ということばはとても大切だよ。「いよいよ走る」きん張感までつたえられるといいね。

1位をとりたかったので

ぜったい1位をとりたかったのはなんでだろう？　一位をとるためにがんばって練習してきた日々を思いだしながら、思いをこめるよ。力強く読めるといいね。

腕を大きくふって

「大きい、小さい」などの形容詞は、読み方を変えるだけでつたわる度合いが変化しやすいんだ。少しオーバーに長くのばして「おーきく」と読むなど、くふうして読んでみよう。

一生けん命走りました。

たとえば…はぁはぁと走っているイメージで、吐く息を多くして表現してごらん。

3

でも、

状況が急に変わったよ。「でも」の後の間を、少し長めにあけよう。「この先の展開がどうなったのかな？」と思ってもらえるといいね。

コーナーで転んで、

重要なシーンだよ。転んでいる姿がスローモーションになっているイメージで、ゆっくりと。「転んで」は言いづらい単語だから気をつけてね。

4位になってしまいました。

泣きたくなっちゃうね。きもちをこめて読もう。

4

みんなは「がんばったね」って言ってくれたけれど、

みんなの励ましの声をイメージして、比較的明るい声で読みだそう。「けれど」のあとに少し間をあけよう。

とてもくやしかったです。

「くやしい」ということばを口にするのは勇気がいるよね。どんなきもちと声で読むとつたわるかな？「とても」「もっと」などの副詞を、「とっても」「もーっと」など少しオーバーに読む方法もあるよ。

5

来年こそ、徒競走で1位をとりたいです。

最後は、決意表明だよ。前を向いて力強く宣言できるといいね。1位のところで、指を1本立てて、「1位」のジェスチャーを加えてもとてもかっこいいね。

常世晶子●とこよ しょうこ

栃木県出身。日本女子大学卒業。元岩手めんこいテレビアナウンサー。芸能プロダクション「トップコート」では、新人育成講師として有名タレントの指導にあたる。TV・ラジオを中心に、出演番組は多数。司会・問い読みを務めた「KnockOut～競技クイズ日本一決定戦～」が、第7回衛星放送協会オリジナル番組アワード大賞受賞。レギュラー番組は、TBS「SASUKE」、NHKBS「おーい、ニッポン」、bayFM「ベイモーニングストリーム」、ラジオ日本「住まいのトラブルバスター」等。歌や芝居にも挑戦し、表現の幅を広げている。TWINKLE Corporation (VOICE) 所属。一児の母。

茂木亜希子●もぎ あきこ

埼玉県出身。武蔵野女子大学文学部英米文学科卒業。元ＮＨＫ長野放送局キャスター、元テレビユー福島アナウンサー。結婚・出産を機に独学で保育士資格を取得し、司会業の傍ら保育士としても勤務。一時保育グループそらいろの種代表。おはなし作家としての作品に、『りんごころごろ』『いちといちで』(世界文化社)、『はやくちレストラン』(金の星社)、『ファミリーで楽しもう！渋沢栄一かるた』(ほっこりーのプラス)、『バナナちゃんのおたんじょうびかい』(チャイルド本社)、「小学生ことばパズル クロスワード 都道府県」(学研教育出版) などがある。

常世晶子・茂木亜希子●共通プロフィール

「こどもアナウンス発声協会」メソッド開発・共同代表、「一般社団法人アナウンス発声協会」理事長 (常世) 副理事長 (茂木)、「幼児教育トレーナー (小学館のドラキッズ等幼児教室大手4社合同の保育資格)」発声テキスト執筆・特別専任講師、ミキハウス子育て総研「ベビーコンシェルジュ研修」制作協力。小学校での授業・学校イベントをメインに、幼児から大学生、保護者・先生向け講演会等、対面・オンラインで展開中。これまでの受講生は、延べ1万人以上。

●「こどもアナウンス発声協会」(https://www.genkinakoe.org) とは…

全国のアナウンサー・ナレーター・声優等メディア出演経験のある「声のプロ」会員が、小学校等で子どもたちに「正しい発声」や「伝わる話し方」を教える活動を支援する、2014年設立の有償ボランティア団体。発声紙芝居・ピアノ伴奏CD・母音ポスター等オリジナル教材や母音ゲーム、ニュース体験が人気。2021年に連携団体として一般社団法人アナウンス発声協会EACO (エアコ) https://www.eaco55.com/を設立。

一般社団法人
アナウンス発声協会 EACO
Educational Announcement and Communication Association,Japan

【参考文献】 半谷進彦・佐々木端『基礎から学ぶアナウンス』(ＮＨＫ―ＣＴＩ日本語センター)
ＮＨＫ放送文化研究所・編『ＮＨＫ日本語発音アクセント新辞典』(ＮＨＫ出版)

〔SPECIAL THANKS〕※敬称略
柄沢晃弘　叶英奈　山本旅生　せいりゅう　じゅり　きお　たもん　ゆりな
撮　影●林 未香　　録　音●salmix
イラスト●国枝麻里香 (4,28～31p)　たかのじゅんこ (8,9,15,17～23p)　松田志津子 (35,37p)　山本珠海 (6,7,16,24～27p)
レッスンＣＤ作曲＆ピアノ演奏●中西晴音
デザイン●松田志津子　山本珠海　　編集協力●堀切リエ

こどもアナウンスブック 正しい発声とつたえる力 CD付

2018年11月9日　第1刷発行
2022年4月15日　第3刷発行

著　者　常世晶子　茂木亜希子
発行者　奥川 隆
発行所　**子どもの未来社**
〒101-0052 東京都千代田区神田小川町 3-28-7-602　TEL 03-3830-0027　FAX 03-3830-0028
E-mail：co-mirai@f8.dion.ne.jp　http://comirai.shop12.makeshop.jp/
振替 00150-1-553485
印刷・製本　シナノ印刷株式会社

ISBN978-4-86412-143-9　C8037　NDC370　　40頁 18.2cm×25.7cm

日本語の発音の注意点

鼻濁音とは?

日本語（共通語）の「ガ行」には、2種類の発音があります。強い音で発音する濁音の「ガ　ギ　グ　ゲ　ゴ」と、やわらかい音で鼻にかけて発音する鼻濁音の「ガ　ギ　グ　ゲ　ゴ（アクセント辞典では、カ゜キ゜ク゜ケ゜コ゜と表記）」です。

濁音・鼻濁音のルール（原則）

■…濁音　■…鼻濁音

○濁音…単語の最初（語頭）に出てくるガ行。
（例）がっこう・げんき・ごはん・がっしょう・がいこく

○鼻濁音…単語の真ん中や終わり（語中・語尾）に出てくるガ行。
（例）にほんご・えがお・うぐいす・なぎさ・わかさぎ

○鼻濁音…格助詞と接続助詞の「が」。
（例）こえがとどく・さくらがさいた
はれているがすずしい・とつぜんですが

○例外として濁音…外国語・数詞。
（例）グループ・プログラム・ナビゲーター
五十音・十五人・六十五歳

○例外として濁音…擬音語擬態語。
（例）がやがや・ぎりぎり・ぐんぐん・げらげら・ごろごろ

○以上は、おおまかなルールです。日本語化した外国語や、熟語としてなじんでいる数詞の語中語尾は鼻濁音になるなど、ほかにも細かいルールがあります。また、複合語の複合の度合いによっても変化します。

（例文）
○ぎんいろの　こぎつねが　ゆうぐれの　がけにたつ
○はながらの　カーディガンを　がようしに　えがく
○ゆうがた　おふろあがりに　ぎゅうにゅうを　ごくごく　のむ
○ごご　ごじに　かんごがっこうが　おわる

母音の無声化とは?

「あいうえお」の母音を発音するときに、のどに軽く指をあてると、指に振動がつたわってきます。しかし、母音がついている音であっても、声帯を振動させずに発音することがあります。こうした現象のことを「母音の無声化」と言います。

たとえば、「きせつ」と続けて発音した時と、「き・せ・つ」とひとつずつ区切って発音した時の音のちがいをくらべてみましょう。続けて発音すると、「き（ki）」の「i」の音だけが息のような音になって声帯は振動しません。母音の無声化は、一定のルールのもとで音が連続するときに「か行、さ行、た行、は行、ぱ行」の「i」と「u」の音で起こります。ここでは、複雑なルールを省略し、例文を紹介しておきます。

（無声化の例）■…無声化するところ
○おはようございます。　○ありがとうございます。
○よろしくおねがいします。
○きょうしつの　つくえを　ふきんで　くふうして　ふく
○うつくしく　つきが　ひかる
○きかいで　たくさんの　さくひんを　つくる
○ストロベリーの　ソフトクリーム